La Fuite du Roi

(20 juin 1791)

PAR

M. de FONTANGES

N° 43

Il paraît un volume chaque Semaine

HENRI GAUTIER éditeur 55 quai des Grands Augustins PARIS

Récits des Grands Jours de l'Histoire

Directeur : PAUL GAULOT

CONDITIONS DE VENTE :

DANS NOS BUREAUX ET CHEZ LES LIBRAIRES
Le volume : 15 centimes

Rendu franco par la poste
1 VOLUME 20 c. | 2 VOLUMES 35 c.
25 VOLUMES 4 FR.

Écrire à M. Henri GAUTIER, éditeur, 55, quai des Grands-Augustins

PARIS

Il paraît un volume par semaine.

Chaque volume se compose de 28 grandes pages, de format in-8 jésus, sous couverture en couleurs, simili-aquarelle. Imprimés sur beau papier vélin vergé, en caractères elzéviriens, ces volumes sont ornés de frontispices, culs-de-lampe, cabochons, *gravures hors-texte*, reproduisant les œuvres les plus célèbres des grands peintres.

VOLUMES EN VENTE

N° 1 — Cinq-Mars et de Thou, par le vicomte de Fontrailles.
N° 2 — Le Mariage de Louis XIV, par Mme de Motteville.
N° 3 — Deux Étapes du Retour de l'Île d'Elbe : Napoléon à Grenoble et à Lyon, par Henry Houssaye, (de l'Académie Française.)
N° 4 — La dernière Prison de Marie-Antoinette, relation de Rosalie Lamorlière, servante à la Conciergerie.
N° 5 — La Peste de Marseille en 1720, par l'abbé Papon.
N° 6 — La Réception du Czarevitch en 1782, par la baronne d'Oberkirch.
N° 7 — La Machine infernale de Fieschi, par Maxime du Camp, (de l'Académie Française).
N° 8 — Les Premiers Jours des États-Généraux (1789), d'après Marmontel.
N° 9 — La Révolution de 1830, par Gervinus.
N° 10 — L'Affaire du Collier de la Reine, par Lafont d'Aussonne.
N° 11 — La Banque de la rue Quincampoix (Law et son système), d'après Saint-Simon, Duclos, etc.
N° 12 — Bonaparte Dictateur (Le Coup d'état de Brumaire), d'après A.-V. Arnault.
N° 13 — La Prise de la Bastille (14 Juillet 1789), par Marmontel.
N° 14 — Le Procès de Fouquet, d'après les lettres de Mme de Sévigné.
N° 15 — La Prise de l'Hôtel de Ville (31 octobre 1870), par Alfred Duquet.
N° 16 — La Première Défaite de la Commune (31 octobre 1870), par Alfred Duquet.
N° 17 — La Chute de la Monarchie (Journée du 10 août 1792), par le comte Rœderer.
N° 18 — Napoléon à Bayonne et l'Aventure Espagnole de 1808, par Louis Labat.
N° 19 — L'Assassinat d'Henri IV, d'après le Journal de Pierre de l'Estoile.
N° 20 — L'Empereur et le Tsar (Entrevue d'Erfurt).
N° 21 — La Dernière Tentative du prince Charles-Edouard Stuart, par Voltaire.
N° 22 — Les Massacres de Septembre. Mon Agonie de trente-huit heures, par Jourgniac de Saint-Méard.
N° 23 — Une Ambassade au Siam sous Louis XIV, par le comte de Forbin et l'abbé de Choisy.
N° 24 — Le Testament de Charles II d'Espagne, par le duc de Saint-Simon.
N° 25 — Les Émeutes de Juillet 1789, par le baron de Besenval.
N° 26 — L'Insurrection du 13 Vendémiaire, par Charles Lacretelle.
N° 27 — La Révolution de 1848, d'après un récit de M. Thiers.
N° 28 — Charlotte Corday et Marat.
N° 29 — L'Exposition de 1867.
N° 30 — Le Mariage de Napoléon et de Marie-Louise.
N° 31 — L'Assassinat du Maréchal d'Ancre, d'après une relation contemporaine.

La Fuite du Roi

(20 juin 1791)

par M. de Fontanges

Relation du voyage de Varennes,
adressée
par un prélat, (1) membre de l'Assemblée Constituante,
à un ministre en pays étranger.

Il n'a fallu rien moins que le désir que vous m'avez montré, pour me déterminer à mettre par écrit les douloureux détails, venus à ma connaissance, du voyage de Varennes. Il y aura sans doute beaucoup de relations de cet événement, l'un de ceux qui ont le plus influé sur le sort de la Révolution et du Roi. Il y a à parier qu'elles ne s'accorderont point entre elles, soit parce que de toutes les personnes qui ont été à portée de tout connaître par elles-mêmes, il n'existe plus que Madame, fille du Roi, alors bien jeune, et madame de Tourzel (2); soit parce que les autres acteurs n'ont vu qu'une partie de l'événement, et ont quelque intérêt à présenter les faits, même ceux qu'ils ont pu le mieux savoir, un peu autrement qu'ils ne se sont passés. Je n'ai pas la prétention de vous faire une relation exempte de toute erreur; j'ai seulement celle de vous

(1) M. de Fontanges.
(2) Gouvernante des Enfants de France.

[1]

retracer fidèlement, et sans partialité, ce qui est resté gravé dans ma mémoire des conversations que j'ai eues avec la Reine elle-même, ensuite avec M. de Bouillé, et avec d'autres personnes qui m'ont paru très bien instruites de toutes les particularités de cet événement.

Le Roi s'était constamment refusé à sortir de Paris pendant les années 1789 et 1790, malgré les instances de ses serviteurs les plus dévoués, l'évidence des raisons qui devaient l'y déterminer, et les facilités que plusieurs circonstances lui ont quelquefois présentées, surtout pendant le séjour assez long qu'il fit à Saint-Cloud durant l'été de 1790. J'en raisonnais plusieurs fois avec la Reine : elle me répondit constamment que le Roi avait pris son parti là-dessus, qu'il était inutile de lui en parler ; et, quand j'insistais, elle me fermait la bouche en me disant : « Que voulez-vous que le Roi fasse loin de Paris, sans argent, sans moyens personnels pour rappeler l'armée à la fidélité, sans lumière pour se diriger, sans conseils pour suppléer à ce qui lui manque ; et outre cela, avec son horreur pour la guerre civile ? N'en parlons plus. »

Je crois en effet que ces raisons auraient constamment retenu le Roi auprès de l'Assemblée, si elle se fût tenue dans les bornes de la modération et d'une sorte d'égards pour sa personne, qui sembla diriger la majorité pendant l'été de 1790 ; mais le projet presque hautement avoué de s'emparer du pouvoir exécutif, et de l'exercer jusque dans ses moindres détails ; le renvoi des anciens ministres, pour y substituer des ministres révolutionnaires, et surtout l'atroce persécution contre la religion et ses ministres fidèles, dont le Roi semblait être complice, furent, je crois, les véritables motifs qui, en lui rendant sa situation absolument intolérable, lui firent naître, vers la fin de 1790, le désir de se soustraire à l'empire que l'Assemblée avait pris sur lui. La Reine fut d'abord la seule personne à laquelle il s'ouvrit de ce projet ; soit qu'elle fût frappée des raisons que j'ai indiquées plus haut, soit que, par pressentiment ou par une sagacité dont je lui ai vu des exemples étonnants, elle prévit les malheurs qui arriveraient, non seulement elle ne chercha pas à l'affermir dans l'idée de fuir, mais elle ne voulut s'en occuper sérieusement qu'à ses instances réitérées, et lorsqu'elle se fut bien convaincue que son parti était pris invariablement.

Les circonstances étaient telles, qu'il ne fallait songer à sortir de Paris que par adresse. La force aurait été inutile, et du plus grand danger : l'adresse même n'était pas sans grandes difficultés. Quoique le Roi se fût proclamé libre dans toutes les occasions, depuis que quinze mille baïonnettes et vingt pièces de canon l'avaient conduit de Versailles aux Tuileries ; quoique l'Assemblée se mît en fureur toutes les fois qu'il échappait devant elle le plus petit doute sur la liberté du Roi, il n'en était pas moins vrai que Louis XVI et toute sa famille étaient prisonniers, et prisonniers gardés à vue avec la plus grande surveillance. Tous les jours six cents gardes nationaux, tirés des sections de Paris, montaient la garde aux Tuileries. Deux gardes à cheval étaient constamment devant la porte extérieure. Tous les postes du dehors, c'est-à-dire les postes du château et des cours, étaient partagés aux gardes suisses et aux gardes nationales. Deux corps de garde de ces troupes étaient postés au Pont-Tournant, et des sentinelles à toutes les autres portes du jardin des Tuileries. La terrasse sur la rivière était garnie de sentinelles de cent en cent pas.

Dans l'intérieur, les gardes et les sentinelles étaient encore plus multipliés que les gardes du corps à Versailles. On en trouvait jusque dans les issues qui conduisaient aux cabinets du Roi et de la Reine, et jusque dans un petit corridor noir pratiqué dans les combles où étaient des escaliers dérobés pour le service de Leurs Majestés. Les officiers de la garde nationale faisaient le service des officiers des gardes du corps. Ni le Roi ni la Reine ne pouvaient sortir qu'ils ne fussent accompagnés d'un certain nombre d'eux. Outre cette surveillance stricte et publique, il y en avait une autre qui n'était pas moins difficile à tromper, c'était celle des valets de l'intérieur ; presque tous étaient des espions. J'ai vu la Reine convaincue que, sur toutes les personnes de son intérieur, elle ne pouvait compter que sur ses premières femmes de chambre ; et, parmi ses gens, sur un ou deux valets de pied. Quant au Roi, je crois que ses quatre premiers valets de chambre étaient les seuls auxquels il pût se fier.

Avant de penser aux moyens d'échapper à tant de surveillants et de les combiner, le Roi et la Reine s'occupèrent du lieu de leur retraite, et de s'assurer une force militaire capable de les mettre à l'abri du danger du premier moment.

Ils jetèrent, pour ces deux objets, les yeux sur M. le marquis de Bouillé ; ils ne pouvaient mieux choisir : une grande réputation, le premier talent militaire du royaume, de la hardiesse unie à la prudence, l'estime des troupes, M. de Bouillé réunissait tout cela. Il commandait en chef à Metz, en Lorraine, en Alsace. Sa constance à se tenir dans son commandement avait conservé là plus de troupes fidèles qu'ailleurs, et il venait tout récemment d'ajouter à sa gloire et à la terreur que son nom inspirait aux factieux, en forçant, avec une poignée de monde, la garnison rebelle de Nancy à se soumettre à un ordre du Roi et de l'Assemblée(1). Il restait toujours à Metz ou dans son commandement, qu'il n'avait pas quitté depuis le commencement de la Révolution.

Le Roi lui écrivit pour lui faire l'ouverture de son projet, et l'engager à le seconder. Sa première réponse fut de tâcher de détourner Sa Majesté d'une résolution dont le danger, pour le Roi, le frappait bien plus que les avantages qui pouvaient en résulter pour la chose publique. Mais le Roi ayant insisté avec une volonté qui lui parut aussi réfléchie que déterminée, M. de Bouillé se livra avec tout le courage, la hardiesse et la sagesse qui font la partie brillante de son caractère, à combiner les moyens qui dépendaient de lui.

Le lieu de retraite fut déterminé à Montmédy: c'est une ville très forte, sur les confins de la Champagne, l'endroit des frontières le plus rapproché de Paris, touchant les terres de l'empereur, et très à portée du Luxembourg. En cas de malheur, la retraite dans ce boulevard, estimé le plus fort de l'Europe, était facile. Un autre avantage était de pouvoir recevoir facilement des secours d'une armée autrichienne, si on en avait besoin. Ce cas étant possible et même probable, il fut convenu de mettre l'Empereur dans la confidence, et de l'engager à envoyer dans Luxembourg, sous le prétexte des troubles de Flandre, un corps de vingt-cinq mille hommes, qui serait aux ordres du Roi. C'était Léopold qui était depuis un an sur le trône des Césars. Il promit tout ce qu'on devait attendre de sa générosité; il fit ses dispositions avec un secret digne de sa sagesse, et il attendit avec anxiété l'événement duquel allait dépendre le salut de sa sœur et de son beau-frère, la tranquillité de ses États et celle de l'Europe.

M. de Bouillé proposa d'abord la route de Flandre, comme la plus courte et la plus sûre pour sortir du royaume, et venir

(1) Voir le n° 81 de la *Bibliothèque militaire.*

LE COMTE JEAN AXEL DE FERSEN
(Collection du Cabinet des Estampes)

à Montmédy par l'extérieur. Ce projet fut rejeté, parce que, sous aucun prétexte, le Roi ne voulait sortir du royaume. Sa raison était de ne pas donner lieu à la déchéance prononcée par un décret contre le Roi qui quitterait le royaume. Alors M. de Bouillé conseilla la route de Reims pour aller à Montmédy; elle présentait l'avantage d'avoir peu de villes à traverser, et d'être aisée à couvrir; mais la figure du Roi était trop connue dans Reims (1). Cette objection fit rejeter cette route, et on convint de celle de Châlons, par Clermont et Varennes. Il fut convenu que M. de Bouillé ne viendrait pas à Paris, afin d'écarter tout soupçon, et aussi pour que sa présence continuelle dans son commandement lui donnât plus de facilité à combiner tous les moyens directs ou indirects d'assurer la réussite du projet. Il se chargea de tout, depuis Châlons-sur-Marne, la première ville de son commandement en venant de Paris; et la Reine se chargea, de son côté, de préparer tout pour la sortie de Paris, et pour la route jusqu'à Châlons.

Voilà où en étaient les choses à la fin de 1790 et dans les premiers mois de 1791. La Reine m'en fit une demi-confidence vers ce temps-là, sans me dire cependant le fond du projet. Un jour qu'elle me parlait avec amertume de quelque nouvelle insulte que le Roi avait reçue de l'Assemblée ou du peuple de Paris, elle me dit qu'il ne pouvait plus y tenir, et que son parti était pris de quitter Paris, au risque de tout ce qui pouvait arriver. Je ne manquai pas de lui rappeler alors les objections qu'elle m'avait faites elle-même l'été précédent, tirées du caractère personnel du Roi, si peu préparé à soutenir un parti aussi tranchant, devenu alors bien plus périlleux. Elle me répondit ces propres paroles : « Il ne s'agit que de lancer le Roi; quand une fois il le sera, je vous réponds qu'il ira. »

Quelque déterminé que fût le Roi à la fin de 1790, j'ai lieu de croire que le parti de fuir éprouva quelques variations dans le cours de l'hiver suivant. Ce plan était le fruit des nouveaux rapports de M. de Mirabeau (2) avec la cour. Cet homme paraissait alors être de bonne foi. Sa gloire, son amour-propre, son intérêt surtout, étaient les liens qui l'avaient entièrement dévoué à employer ses grands talents

(1) Louis XVI avait été sacré à Reims.

(2) Riquetti, comte de Mirabeau, né au château de Bignon (Loiret). Il fut envoyé, en 1789, aux Etats-Généraux par la Provence, comme député du Tiers, et bientôt, par son éloquence, il acquit une influence considérable dans la Constituante. Il revint au parti du Roi, et reçut de lui des sommes considérables pour défendre la cause de la royauté devant l'Assemblée.

à réparer une partie du mal que lui et les factieux avaient
fait. Autant qu'on pouvait juger des dispositions d'une
Assemblée si mobile et si orageuse, il semblait avoir
acquis dernièrement sur elle un grand ascendant. Il avait
rompu presque ouvertement avec cette faction du côté
gauche qui a formé dans la suite le parti républicain.

An 1791

Sa mesure fondamentale, pour le rétablissement d'un
ordre de choses raisonnable, était la liberté du Roi : il l'avait
promise pour le mois de mai ou de juin, et il prétendait
avoir, dès le commencement de l'hiver, mis en mouvement
une machine assez compliquée, dont le premier résultat
était de faire demander, par les sections de Paris, que le Roi
eût la liberté d'aller dans un de ses châteaux.

Cent mille écus lui avaient été promis le jour où le Roi
sortirait de Paris. Je ne doute pas que cette espérance, qui
n'était qu'une chimère, n'ait fait varier le Roi sur son projet
de fuite, tant qu'il a pu la conserver.

Deux événements inattendus fixèrent ses irrésolutions,
et déterminèrent invariablement le parti de la fuite. Le

2 avril

premier fut la mort de Mirabeau, vers les premiers jours
d'avril 1791. Le second événement fut l'opposition que le Roi
trouva, de la part du peuple de Paris et de la garde nationale, pour aller passer la semaine sainte à Saint-Cloud :
cette insulte, celle peut-être qui a le plus vivement affecté
le Roi, ne lui permit plus de balancer sur le projet de fuite,
et il ne s'occupa que des moyens de l'exécuter.

mai

Je reçus peu de jours après, c'est-à-dire dans les premiers
jours de mai, une lettre de la Reine, qui, après m'avoir
parlé de je ne sais plus quelle affaire, m'annonçait « qu'environ dans six semaines il arriverait peut-être des événements qui pourraient compromettre ma sûreté ; qu'elle me
priait de songer à me mettre à l'abri, et à m'éloigner de
Paris, et même du royaume ; et qu'elle m'engageait à y
déterminer également les évêques de l'Assemblée, qui peut-
être ne couraient pas moins de danger. » Cette lettre ne
me laissa plus de doute sur le projet de fuite, et je m'oc-
cupai à prendre mes arrangements pour aller attendre,
dans le fond du Bourbonnais, l'orage qui m'était annoncé.
Malgré l'intention que m'avait marquée la Reine, je crus
ne devoir donner le conseil de quitter Paris qu'à deux ou
trois de mes confrères avec qui j'étais le plus lié, et qui
encore n'en firent pas grand cas.

J'ai dit plus haut que la Reine s'était chargée de la sortie
de Paris et de l'arrivée à Châlons. Cette besogne présentait

de grandes difficultés. Il fallait échapper à la garde et à la surveillance intérieure, et, de l'autre côté, faire préparer au dehors tout ce qui était nécessaire pour un voyage d'environ soixante lieues. Si on se rappelle ce que j'ai dit du scrupule avec lequel étaient gardés ces augustes prisonniers, la sortie du Roi et de toute la famille royale hors du château présentait des difficultés presque insurmontables.

A force de chercher où l'on pourrait sortir du château avec le moins de risque, la Reine découvrit qu'une de ses femmes occupait une petite chambre où il y avait une porte qui donnait dans l'appartement de M. le duc de Villequier, situé au rez-de-chaussée, et ayant une issue sur la cour royale des princes, et de l'autre sur la cour royale. M. le duc de Villequier, premier gentilhomme de la chambre, ayant été, comme tous les grands officiers, obligé de cesser ses fonctions, avait émigré à cette époque, et son appartement n'était plus occupé. La chambre de cette femme était à la portée de celle de Madame, fille du Roi : sous le prétexte d'agrandir le logement de sa fille, la Reine s'empara de cette pièce, en faisant placer ailleurs la femme de service qui l'occupait. Pour mieux détourner les soupçons, elle fit en même temps d'autres changements, sous le même prétexte. La première femme de chambre fut déplacée, toujours pour agrandir le logement de Madame, et mise au rez-de-chaussée, dans l'appartement de Mme la princesse de Chimay, dame d'honneur.

Ces arrangements faits, on comprend qu'il était aisé de passer sans être aperçu jusque dans l'appartement de M. de Villequier, dont la Reine s'était procuré la clef : de là, il n'y avait plus de grandes difficultés pour sortir du château, malgré les nombreuses sentinelles qui garnissaient les cours, parce qu'il n'y en avait point dont le poste fût à la porte de M. de Villequier ; et aussi parce que, à certaines heures, les sentinelles des cours étaient accoutumées à voir sortir du château beaucoup de monde à la fois, en particulier vers les onze heures du soir, lorsque le service du château était fini.

Il fallait bien mettre quelqu'un dans la confidence, pour faire les préparatifs nécessaires en chevaux et voitures. La Reine jeta les yeux pour cela sur le comte de Fersen (1),

(1) Jean Axel de Fersen, gentilhomme suédois, vint pour la première fois en France en 1774 ; il y revint en 1778. En 1780, il fut attaché au corps de Rochambeau qui partait en Amérique pour prendre part à la guerre de l'Indépendance

jeune seigneur suédois au service de France, dévoué à Sa Majesté depuis longtemps, et sur la fidélité, la discrétion et le courage duquel elle pouvait entièrement compter. M. de Fersen se chargea de faire trouver, auprès de la barrière Saint-Martin, une voiture à six chevaux et à six places pour aller jusqu'à Claye, qui est la deuxième poste sur la route de Châlons ; il se chargea aussi de recevoir tous les voyageurs près des Tuileries, et de les conduire jusqu'à la voiture. Comme il fallait que cette voiture fût grande, commode et sûre, il prit le parti d'en faire faire une neuve, comme pour lui, qui réunît tous ces avantages (1).

des États-Unis. De retour en France en 1783, il alla en Suède l'année suivante, puis suivit son roi Gustave III dans un voyage qu'il fit en Europe. Il se retrouva ainsi à Versailles et fut nommé colonel du Royal-Suédois, qui tenait garnison à Maubeuge et à Valenciennes. Dévoué à la famille royale, imbu des idées royalistes, il s'employa à faciliter le départ de Louis XVI pour Montmédy. Il conduisit la voiture qui emportait la famille royale jusqu'à Bondy ; il rentra alors à Paris et de là gagna la Flandre. Il revint, en 1792, à Paris, sous un déguisement ; il s'occupa ensuite d'intéresser les souverains de l'Europe au sort de Louis XVI et de Marie-Antoinette, mais il ne réussit point à les sauver. Il rentra en Suède, figura au congrès de Radstadt ; devenu grand-maréchal du Palais, il fut massacré dans une émeute populaire à Stockholm, le 20 juin 1810.

(1) « Elle réunissait en effet beaucoup d'avantages pour la commodité du voyage, mais elle offrait le grave inconvénient d'éveiller partout l'attention par ses formes énormes.

« On avait eu la singulière idée de faire construire une voiture spéciale, une berline monstre, dont la confection ne pouvait guère rester secrète, et dont la masse imposante et peu commune devait attirer les regards de tous ceux qui la verraient rouler. Bouillé avait proposé l'emploi de deux petites diligences anglaises, légères, commodes et fréquemment employées pour les voyages en poste. On ne s'était point arrêté à son avis, et une anglaise. Mme Sullivan, amie de la famille royale, avait été chargée de se procurer la voiture désirée. Se présentant sous le nom de la baronne de Korff, une soi-disant grande dame russe, elle avait commandé au carrossier Jean-Louis une berline pouvant contenir aisément neuf personnes, trois sur le siège et six à l'intérieur. Ce n'était point une petite affaire que de construire un pareil véhicule, il fallait du temps. Comme on tenait à posséder cet engin de fuite toujours tout prêt, la baronne de Korff se rendait sans cesse chez le carrossier pour le presser, pour faire achever son travail.

« Enfin, la berline se trouva en état de rouler le 12 mars. Le 25 mars, Jean-Louis, qui avait fait de fortes avances, présenta son mémoire, lequel s'élevait à la somme de 5944 livres. Le Roi lui fit remettre immédiatement par la prétendue baronne un à-compte de 2600 livres.

« On hâta les derniers préparatifs, et l'objet fut digne du prix, si l'on en croit la description, faite d'après le mémoire, par l'ancien greffier de la Cour d'Orléans, Eugène Bimbenet :

« Ce devait être une bien belle voiture de voyage, car 5944 livres représentaient
« une somme bien importante en 1791 : elle réunissait, à la vérité, la richesse à la
« solidité. A l'intérieur, les décorations les plus luxueuses, les dispositions les plus
« délicates et les plus recherchées dissimulaient les dispositions utiles aux néces-
« sités matérielles de la vie.

« Le filet de l'impériale était décoré de tresses et de torsades en soie ; des
« poches portatives et attachées aux portières pouvaient contenir les choses les
« plus usuelles dans le cours du voyage ; des matelas recouverts de taffetas et de
« maroquins appuyaient de chaque côté les voyageurs ; les coussins sur lesquels
« ils étaient assis couvraient des coffres d'aisance et des vases de nuit en cuir
« vernis ; on avait pratiqué deux cuisinières garnies de larges ferrures ; des lan-
« ternes à reverbères, bien qu'on fût à une époque de l'année où les nuits sont
« si courtes qu'à peine peut-on dire qu'il en existe, brillaient à l'avant-train ;
« deux fortes bâches couvraient l'impériale ; on avait attaché à cette voiture
« une enrayeuse, une courroie de lissoire et deux fourches ferrées pour la main-
« tenir dans les montagnes.

« On avait adapté au train de derrière une cantine en cuir pouvant contenir (
« huit bouteilles de vin.

« Le siège du cocher, garni d'un couvre-genoux et de poches en cuir, était

Ces dispositions préliminaires faites, le départ fut fixé à la nuit du dimanche au lundi 19 et 20 juin. M. de Bouillé en fut instruit assez à temps pour qu'il pût faire ses dispositions depuis Châlons jusqu'à Montmédy, et avoir le temps d'en instruire la Reine avant le départ de Paris. Sous le prétexte d'arrangements militaires, M. de Bouillé fit placer à portée de Montmédy les régiments sur lesquels il pouvait le plus compter.

M. de Bouillé annonça d'avance une tournée dans son commandement, pour pouvoir, sans être soupçonné, sortir de Metz, et se rendre du côté où le roi devait arriver. Il fit en même temps répandre le bruit de l'arrivée d'un convoi d'argent pour la solde des troupes; il se servit de ce prétexte pour envoyer quelques détachements sur la route que le roi devait prendre, et il colora l'arrivée des autres, dans les points dont il voulut s'assurer, en ordonnant quelques mouvements de troupes, et en combinant leur marche et leur séjour dans ces points avec le jour où le Roi devait passer.

Sous le prétexte de la sûreté de la frontière, il fit tracer un camp sous Montmédy, où il se rendit quelques jours avant le 20, pour faire ses dernières dispositions.

Avant de dire quelles furent ces dispositions, il est nécessaire, pour être entendu, de donner une idée de la route que le roi avait à suivre après Châlons.

A trois lieues de cette ville, on trouve *Pont-de-Sommevelle* sur une petite rivière qu'il faut nécessairement passer, soit qu'on aille à Verdun par la grande route, soit qu'on veuille gagner *Varennes* par la traverse; de *Pont-de-Sommievelle*, la grande route mène à *Sainte-Menehould*, ville qui en est à quatre lieues; ensuite on trouve la ville de *Clermont-en-Argonne*, à quatre lieues de *Sainte-Menehould*. Après *Clermont*, le chemin se partage en deux : celui de la droite est la grande route de *Verdun*; celui de la gauche, sur lequel il n'y a point de poste, conduit à Varennes, qui est à trois ou quatre lieues de *Clermont*; de *Varennes*, un chemin

placé sur une ferrière contenant tous les ustensiles dont on pouvait avoir besoin en cas d'accident. »

« La berline, livrée dès les premiers jours de juin par le carrossier, fut conduite rue du Bac, au domicile particulier de M. de Fersen.

« ... La berline resta exposée à tous les regards dans la cour de l'hôtel de M. de Fersen. Le carrossier, qui craignait qu'elle ne se détériorât, exposée aux intempéries, demandait en vain qu'on la rentrât. Ce ne fut que plus tard qu'on la conduisit chez des personnes soi-disant prêtes à partir pour la Russie, en réalité, chez un Anglais, à Crawford, qui demeurait à l'autre bout de Paris, rue de Clichy. »

(*Un Ami de la Reine*, par PAUL GAULOT.)

[9]

assez mauvais conduit à *Dun*, qui en est à cinq lieues : là
on passe la Meuse sur un pont, et on gagne la grande
route de *Verdun* à *Montmédy*, en laissant *Stenay* sur la
gauche : la distance de *Dun* à *Montmédy* est de cinq à six
lieues.

Voici à présent les dispositions que fit M. de Bouillé.
Quarante hussards de *Lauzun*, avec un officier nommé
M. *Boudet*, eurent ordre d'aller, le 19 juin, à Sainte-Menehould, et de se rendre de bonne heure, le 20. à Pont-de-
Sommevelle, à trois lieues de Châlons, et d'y attendre le
Roi jusqu'au soir, de l'escorter jusqu'à Sainte-Menehould,
et de revenir ensuite garder le passage de Sommevelle
pendant dix-huit ou vingt heures après le passage du Roi,
pour ne laisser passer qui que ce soit : M. *le duc de Choiseul*, dont le régiment était dans ces cantons, et M. *de
Goguelat*, officier de l'état-major, devaient accompagner
avec ce détachement le Roi et la Reine, dont ces officiers
étaient particulièrement connus; ils avaient porté à M. de
Bouillé l'ordre du Roi de leur communiquer le secret, et
de les employer à ce premier poste, qui devait donner l'impulsion à tous les autres.

M. *Dandoins*, capitaine de *Royal-dragons*, eut ordre
d'être à Sainte-Menehould le 20, pour y recevoir le Roi et
l'escorter jusqu'à *Clermont*.

Là, cent dragons du régiment de *Monsieur* et soixante
de *Royal*, commandés par M. le comte *Charles de Damas*,
devaient arriver le 19, sous prétexte d'aller cantonner à
Mouzon, et ayant séjour à Clermont; le 20, cette escorte
devait conduire le Roi à *Varennes*, où M. de Bouillé donna
ordre à soixante hussards de *Lauzun* de se porter le 19, au
soir.

Cent hussards du même régiment, sous les ordres de
M. *Deslon*, furent placés à *Dun*, sur la Meuse, passage
très important, à cause du pont et de la rue étroite qui y
conduit.

A Mouza, petit village entre *Dun* et *Stenay*, M. de Bouillé
envoya cinquante cavaliers de *Royal-Allemand*, qui devaient
escorter le Roi jusqu'à *Montmédy*, en laissant à gauche
Stenay, ville très révolutionnaire.

Enfin, le général lui-même devait se tenir entre *Stenay*
et *Dun*, à peu près au centre de ces cantonnements, pour
être promptement informé et donner ordre à tout.

Tous ces différents commandants n'étaient pas instruits
du véritable but de ces préparatifs. M. de Goguelat fut

chargé de reconnaître toute la route d'une manière spéciale, d'aller à Paris en rendre compte au Roi et à la Reine,
ainsi que de toutes les dispositions de M. de Bouillé, et
d'en rapporter les ordres de Sa Majesté par écrit pour les
troupes, au moment où il faudrait leur faire connaître le
Roi. A ces ordres furent joints des blancs-seings du Roi,
pour que M. de Bouillé pût s'en servir dans les cas im-
prévus.

M. de Choiseul, qui faisait souvent des voyages à Paris,
se chargea d'y aller vers le temps du départ; il fut convenu
qu'il précéderait le roi de quelques heures, et l'attendrait à
Pont-de-Sommevelle avec M. de Goguelat. L'un ou l'autre
devait en partir dès que le Roi y serait arrivé, après avoir
pris ses derniers ordres, pour les donner successivement
à tous les détachements suivants; l'autre restant pour
accompagner le Roi et prendre le commandement de l'escorte, jusqu'à ce qu'il eût trouvé M. de Bouillé. Le secret
fut aussi confié à MM. *de Damas, d'Hoffelize, de Klinglin* et
Heyman. au moment de l'exécution; les autres commandants surent seulement qu'il s'agissait d'escorter un trésor.

Varennes est une petite ville sur une rivière profonde.
divisée par un pont en haute et basse ville; elle n'est pas
sur la ligne des postes. On avait prévu que les chevaux de
poste qui y conduiraient pourraient ne pas aller plus loin :
pour parer à cet inconvénient, il fut convenu que M. le duc
de Choiseul y ferait trouver un relais de six chevaux, qui
attendrait le roi dans une maison fort apparente du côté de
Clermont. Comme les chemins étaient mauvais du côté de
Dun, M. de Bouillé eut encore la précaution de faire tenir
un autre relais de ses propres chevaux à Dun.

Quoique tout fût prêt pour la nuit du 19 au 20, fixée
pour le départ, un événement imprévu le fit retarder de
vingt-quatre heures. L'usage était que le service des
femmes de quartier changeât tous les dimanches matin ;
quoique la Reine n'eût confié son secret qu'à la seule
madame Thibaut, sa première femme de confiance, qui
devait partir par une autre route en même temps qu'elle,
il était difficile que, le jour même du départ, il n'y eût pas
des mouvements dans l'intérieur qui donnassent des soupçons à celles des femmes de son service, et surtout de celui
de ses enfants, qui auraient quelque disposition à la trahir.
Elle avait, en conséquence, pris ses arrangements pour que
la nuit de son départ coïncidât avec le service des femmes
qui fussent tellement sûres que, sans leur confier son

secret, elle n'eût pas à craindre même d'indiscrétion de leur
part, si elles avaient des soupçons. Le hasard fit qu'une
femme de chambre de monseigneur le Dauphin, personne
sûre qui devait prendre le service ce jour-là, ayant été
indisposée, sa camarade (1), qui était très suspecte de démo-
cratie, continua jusqu'au lundi. La Reine ne crut pouvoir
remédier à cet inconvénient qu'en différant le départ de
vingt-quatre heures; mais elle eut soin de le faire savoir à
M. de Bouillé par un courrier exprès, qui arriva le 15 au
soir. M. de Bouillé eut le temps de changer ses ordres; et
les différents détachements, au lieu d'arriver à leur desti-
nation le 19 ou le 20 au matin, n'arrivèrent que le 20 ou
le 21. M. l'officier à qui M. de Choiseul avait confié le soin
de faire partir et de placer son relais, négligea de changer
ses premiers ordres; il arriva à Varennes le 19, au soir.

Deux précautions dont je n'ai pas encore parlé avaient
été prises avant le départ.

La première eut pour objet de se pourvoir d'un passe-
port, en cas d'événement. Il en fallait un qui pût servir
pour le Roi, la Reine, madame Elisabeth, les deux enfants
et madame de Tourzel, qui devaient voyager ensemble. La
Reine avait proposé d'envoyer les enfants avec leur tante
par la route de Flandre, et de s'en aller tous deux seuls par
celle de Montmédy; quelque raisonnable que fût cette idée,
quelques fortes que fussent les raisons par lesquelles la
Reine l'appuya, le Roi ne voulut jamais consentir à séparer
son sort de celui de ses enfants. Monsieur et Madame (2)
furent les seuls qui prirent la route de Flandre. L'événement a prouvé que les enfants auraient passé aussi facilement qu'eux, et que l'idée de la Reine avait été juste.

C'était encore le ministre des Affaires étrangères qui déli-
vrait les passe-ports pour sortir du royaume. Ils étaient
signés par le Roi, et contre-signés par le ministre; mais ils
ne contenaient que le nom des personnes, sans leur signa-
lement. M. le comte de Montmorin était alors ministre des
Affaires étrangères; il était certainement, à cette époque,
très dévoué au Roi, et le Roi n'en doutait pas. La Reine
n'y avait pas la même confiance, quoique ses préventions
contre lui fussent alors beaucoup moins fortes qu'elles
n'avaient été. Le Roi se sentait porté à lui faire la confidence; la Reine s'y opposa. M. de Fersen se chargea d'en

15 juin

---

(1) C'était Mlle Rocherette, en relation avec M. de Gouvion, aide-de-camp de
La Fayette.
(2) Le comte et la comtesse de Provence.

obtenir les passe-ports qu'on voulait, sans qu'il ne pût rien soupçonner. Une femme de qualité de Russie, amie de M. de Fersen, nommée la baronne de Korff (1), était sur le point de partir de Paris pour retourner dans son pays ; elle avait une suite assez considérable, composée de deux enfants, un garçon et une fille, un valet de chambre et deux femmes. Elle avait fait demander à M. de Montmorin, par M. de Simolin, ministre de Russie à Paris, un passe-port pour elle et sa suite. M. de Fersen convint d'abord avec elle que, dès qu'elle aurait passé la frontière, elle lui renverrait ce passe-port, désormais inutile à elle. Mais réfléchissant ensuite qu'un accident imprévu pouvait empêcher ce passe-port de lui parvenir au temps précis où il était indispensablement nécessaire, il pria madame de Korff de feindre que ce passe-port avait été jeté au feu par mégarde, et de prier M. de Simolin d'en demander au ministre un second, qu'elle remettrait à lui Fersen ; ce qui fut fait.

La seconde précaution fut d'avoir trois hommes sûrs qui pussent servir de courriers, le Roi et la Reine pensèrent que trois gardes du corps seraient ce qui conviendrait le mieux dans cette circonstance ; et, pour cette espèce de service, ils envoyèrent chercher le comte d'Agoult, aide-major de cour, pour le charger de la commission de trouver ces trois hommes. La Reine, sans lui confier le secret du voyage, lui demanda trois gardes du corps pour porter des dépêches, comme il en avait donné en d'autres occasions ; ajoutant que tout ce qu'elle demandait, c'était qu'ils fussent fidèles et assez robustes pour soutenir cette espèce de fatigue de courir à franc étrier ; mais qu'elle n'avait pas besoin qu'ils fussent remarquables par leur intelligence.

Le comte d'Agoult, trompé sur l'objet de cette commission, s'attacha principalement aux qualités que demandait la Reine : cependant, entre les trois gardes du corps qu'il choisit (2), il s'en trouvait un qui possédait de plus beaucoup d'intelligence et d'activité, mais aucun des trois ne connaissait Paris. Il les mena au château pour les faire voir au Roi et à la Reine, afin que l'un et l'autre pussent connaître leurs noms et leur figure. Le jour du départ, ils eurent ordre de se tenir dans les cours à l'heure convenue, pour

(1) La baronne de Korff était un personnage imaginaire. Ce fut une anglaise, amie de M. de Fersen et de la famille royale, Mme Sullivan, qui demanda sous le nom d'emprunt le passeport dont il est question.

(2) Ces trois gardes du corps étaient MM. de Valory, du Moustier et de Maldent. M. de Fersen eut l'imprudence de leur remettre des armes qu'il avait fait marquer à son chiffre.

accompagner la famille royale jusqu'à la voiture, où ils trouveraient ce qui était nécessaire pour partir en courriers.

20-21 juin Enfin, tous les obstacles levés et les préparatifs faits, la nuit du 20 au 21 juin, le Roi et la famille royale ayant soupé comme à l'ordinaire se retirèrent vers les dix heures et demie, comme pour se coucher. Peu de temps après, ils se rendirent dans l'appartement de madame Royale, où madame de Tourzel porta le jeune prince (1); et on se prépara à sortir par la chambre dont j'ai parlé, et dont la Reine avait secrètement ouvert la communication qui donnait dans l'appartement vide de M. le duc de Villequier. Le Roi, qui devait passer pour le valet de chambre de madame de Korff, avait un habit gris, et une perruque qui le déguisait assez bien: le reste était mis très simplement. J'ai ouï dire, mais je ne sais plus à qui, que quelques jours auparavant on faisait sortir, les soirs, le chevalier de Coigny par la porte de la cour qui donnait près de l'appartement de M. de Villequier. Il avait la même perruque et le même habit qu'avait le Roi à son départ : comme sa taille ressemblait assez à celle du roi, cela a pu servir à empêcher que le roi ne fût reconnu en traversant les cours le 21 juin.

Madame Élisabeth sortit la première avec *madame Royale*, suivie, à peu de distance, de madame de Tourzel emmenant monseigneur le Dauphin. L'un des trois gardes du corps l'accompagnait. Soit hasard, soit fait exprès, une des sentinelles des cours, qui, en se promenant, croisait le chemin par où les deux princesses devaient passer, tourna le dos au moment où elle était près d'elles, et allait les rencontrer. Madame Royale le remarqua, et dit bas à madame Élisabeth : *Ma tante, nous sommes reconnues.* Cependant elles sortirent des cours sans être remarquées, et se rendirent, suivies, comme je l'ai déjà dit, de madame de Tourzel et du jeune prince, sur le petit Carrousel, au coin de la rue de l'échelle, où M. de Fersen les attendait avec une voiture. C'était un carrosse de remise, ressemblant assez, par sa forme et les chevaux qui le menaient, à ce qu'on appelle à Paris un fiacre; il l'avait loué dans un quartier éloigné; et c'était lui qui servait de cocher, habillé comme le sont ces espèces de cochers. Il était si bien déguisé, que pendant qu'il attendait, ayant déjà dans sa voiture les deux princesses, monseigneur le Dauphin et madame de

(1) On avait mis au petit dauphin une robe de fille. — « Est-ce qu'on va jouer à comédie? avait-il demandé à [Mme de Tourzel.

Tourzel, un fiacre vide s'étant arrêté près de lui, le cocher, qui croyait parler à l'un de ses camarades, l'attaqua de conversation sur ce qui peut en faire le sujet ordinaire entre gens de cette espèce ; elle dura assez longtemps, et M. de Fersen la soutint avec assez de présence d'esprit dans le jargon de cocher de remise, pour ne donner aucun soupçon à son confrère. Il s'en débarrassa après lui avoir donné une prise de tabac dans une mauvaise tabatière qu'il avait. Peu de temps après, le Roi arriva, accompagné du second garde du corps ; il y eut un assez long intervalle entre sa sortie et celle de la première bande, mais elle ne fut pas moins heureuse, quoiqu'une de ses boucles de souliers s'étant cassée assez près de la sentinelle de la porte du Carrousel, il fût obligé de la raccommoder presque sous ses yeux. La Reine, qui devait sortir la dernière, se fit attendre plus d'une demi-heure, et donna bien des inquiétudes aux voyageurs. On lui avait laissé le troisième garde du corps pour l'accompagner et lui donner le bras. Tout alla bien jusqu'à la grande porte de la cour royale ; mais, au moment où elle sortait, elle voit venir la voiture de M. de La Fayette, avec des flambeaux et ses gardes ordinaires ; il rentrait chez lui, et traversait le Carrousel pour gagner le Pont-Royal. La Reine avait un chapeau qui lui couvrait le visage. La nuit était fort obscure : elle se rangea près de la muraille, pour laisser passer la voiture de M. de La Fayette. Après avoir échappé à ce danger, elle dit à son garde du corps de la conduire sur le Petit-Carrousel, au coin de la rue de l'Échelle, c'est-à-dire à deux cents pas de l'endroit où ils étaient. Son guide connaissait encore moins Paris qu'elle ; il était trop dangereux de demander le chemin, si près de la porte des Tuileries ; ils tournèrent au hasard à droite, tandis qu'ils devaient prendre à gauche, passèrent les guichets du Louvre, traversèrent le Pont-Royal, et errèrent assez longtemps sur les quais et dans la rue du Bac. Il fallut enfin se résoudre à demander leur chemin. Une sentinelle du pont le leur indiqua : il leur fallut revenir sur leurs pas, repasser sous les guichets, et longer les cours des Tuileries pour arriver à la rue de l'Échelle. Il parvinrent enfin à la voiture, sans autre accident que du temps perdu : mais c'en était un trop réel ; le prix de chaque minute était incalculable.

Toute l'illustre caravane étant réunie (1), on se mit en

(1) Deux femmes de chambre de la Reine, Mmes Brunier et de Neuville, devaient suivre la berline dans un cabriolet.

route pour aller joindre la voiture qui attendait au delà de la barrière Saint-Martin. Elle était attelée de six chevaux, avec un postillon de M. de Fersen, qui était un étranger, ne sachant pas un mot de français, et ignorant qui il devait conduire. M. de Fersen n'osa mener son carrosse de remise par le plus court chemin, parce qu'il ne connaissait pas assez les rues de Paris pour hasarder de traverser la nuit cette ville immense, dans la plus grande partie de sa largeur; il crut plus sûr de descendre par la rue Saint-Honoré, et de faire le tour par les vieux boulevards; il arriva heureusement au rendez-vous. Tout le monde passa du carrosse de remise dans la voiture de voyage, les gardes du corps sur le siège, ou derrière, M. de Fersen servit encore de cocher, les deux premiers chevaux étant conduits par son postillon. Quant au carrosse de remise, il fut laissé tout attelé dans la grande rue, sans personne pour le garder ou le ramener chez son maître.

Dans moins de deux heures on arriva à Claye, qui est le second relais de poste sur la route de Châlons, à environ six lieues de Paris. Là, un des gens de M. de Fersen l'attendait avec un cabriolet et deux chevaux, pour le ramener à Paris. Quoique la voiture du Roi fût neuve, il fallut y faire à Claye quelques réparations qui firent perdre encore du temps : on verra dans la suite de quelle conséquence furent tous ces retards.

Des chevaux de poste furent mis à la voiture du Roi, et fournis aux trois courriers sans difficulté. Lorsque M. de Fersen l'eut vue partir, il monta dans son cabriolet pour retourner à Paris.

Tout lui parut tranquille; il monta en voiture, et prit la route de Flandre.

Ce ne fut guère en effet que vers les huit heures du matin qu'on s'aperçut à Paris de la fuite du Roi.

M. d'André, qui marquait alors beaucoup dans l'Assemblée, et qui avait fini par se donner secrètement au Roi, de qui il recevait mille écus par mois par l'entremise de M. de Montmorin, fut instruit de la fuite le premier de tous. Je n'ai pas su par qui; mais, dès six heures du matin, il se rendit chez M. de Montmorin, pour lui apprendre cet événement : ce ministre était dans la plus grande sécurité sur ce point-là. Le Roi, qui avait alors en lui une confiance qui lui paraissait entière, ne lui avait rien laissé entrevoir de son projet. Son premier mouvement fut de ne pas croire à l'avis, parce qu'il se croyait trop sûr de l'amitié du Roi pour penser que Sa Majesté ne l'eût pas prévenu d'une chose qui pouvait compromettre très sérieusement sa sûreté, comme l'événement l'a prouvé ; mais il ne put en douter longtemps, en recevant une lettre que le Roi avait laissée pour lui. Elle lui fut apportée de très bonne heure, lorsque M. d'André était encore chez lui, ou ne faisait que d'en sortir. Cette lettre était simplement pour lui apprendre le départ du Roi, et lui dire d'attendre ses ordres. Je dois à M. de Montmorin la justice de consigner ici qu'il oublia dans ce moment ses propres périls pour se livrer avec la plus grande sincérité à la joie de savoir son Roi échappé aux dangers de la sortie de Paris, qui paraissaient le plus à craindre.

Cette lettre n'était pas le seul écrit que le roi eût laissé. Il y avait une autre lettre pour les ministres, qui leur défendait de rien signer et de rien expédier sans de nouveaux ordres de sa part. Il y avait une déclaration contenant les motifs de son départ, tout écrite de sa main, faite par lui, et qui n'était connue que de la Reine. Cet écrit et les lettres furent envoyés ou remis cachetés à M. de La Porte, intendant de la liste civile, avec ordre d'envoyer les lettres à leur adresse dans la matinée du 21, et de faire lire la déclaration à l'Assemblée dans le même temps. On trouvera, dans les papiers publics du temps, la manière courageuse dont M. de La Porte s'acquitta de cette commission périlleuse.

Je ne parlerai pas de ce qui se passa à Paris au moment où la fuite du Roi fut connue (1). On en trouve le récit dans

---

(1) « Le matin, à sept heures, M. Lemoine, valet de chambre du Roi, est entré, comme d'habitude, dans la chambre de son maître ; n'entendant aucun bruit, il a écarté les rideaux du lit. Personne : le lit est vide.

« Il cherche le Roi ; on se précipite dans les chambres de la Reine, des enfants, de Madame Élisabeth : toutes sont vides également. Plus de doute : la famille royale s'est enfuie ! Du château, la nouvelle en court dans tous les quartiers de la ville. Le département, la municipalité sont instruits de l'événement, et, sur leur ordre, trois coups de canon sont tirés.

« À ce signal d'alarme, la foule se porte du côté des Tuileries. On s'informe, on veut savoir. Bientôt la nouvelle est confirmée. La stupeur est grande d'abord ; mais on se rend à l'Assemblée, et l'on se rassure : « Notre Roi est là-dedans, se « dit-on ; Louis XVI peut aller où il voudra. »

« On cherche comment il a pu fuir. Les faux bruits circulent aussitôt : « Il « s'est sauvé par un canal aboutissant au pavillon de Flore. Bouillé l'a repris et « l'a conduit à Metz. »

« Puis suivant les tempéraments, la colère agite les uns, la peur prend les autres. Certains se réjouissent, et, comme il n'est pas d'événement qui ne comporte son côté comique, un citoyen facétieux appose cette affiche contre les Tuileries :

« *On prévient les citoyens qu'un gros homme s'est enfui des Tuileries ; on prie ceux qui le rencontreront de le ramener à son gîte : ils auront une récompense modique.* »

« Ce n'est pas tout : la fureur populaire a besoin pour se satisfaire de casser, de briser : elle s'attaque à tous les emblèmes, à tous les souvenirs royaux : écussons, fleurs de lis volent en éclats sous ses coups... » (*Un Ami de la Reine*).

tous les papiers du temps; et, étant alors fort éloigné du
lieu de la scène, je n'ai pas eu là-dessus des notions parti-
culières. Je me borne à une seule remarque sur cet objet,
qui pourra paraître singulière, mais qui n'en est pas moins
vraie : c'est que, malgré la fermeté que montra l'Assemblée
dans cette circonstance, les ordres donnés et les précautions prises par elle pour faire arrêter le Roi et le ramener
à Paris, la très grande majorité, dû moins ceux qui avaient
une opinion à eux, regardait cet événement comme heu-
reux, et faisait des vœux secrets pour qu'il réussît, mais
par des motifs différents. Le côté droit entier, qui faisait
près du tiers de l'Assemblée, y voyait la fin d'un ordre de
choses dont il était la victime, et l'espérance d'une contre-
révolution. Le côté gauche était divisé en trois sections bien
marquées, dont deux voyaient la fuite du Roi avec plaisir.
La première, très peu nombreuse, était composée de répu-
blicains qui espéraient, dans cet événement, trouver le
moyen de détruire la monarchie, et qui croyaient parvenir
plus aisément à leur but, si le Roi sortait une fois du
royaume. La seconde, diamétralement opposée à celle-là,
assez nombreuse et assez influente par les talents des personnes qui la composaient, voulait une révolution, mais
trouvait que celle-ci avait déjà outre-passé les bornes. La
constitution, qu'ils adoptaient quant au fond, leur paraissait vicieuse en plusieurs points importants, et peu solide,
soit par les contradictions dont elle fourmillait, soit encore
plus par le défaut de liberté dans l'acceptation du Roi. La
fuite du monarque, si elle réussissait, amenait nécessairement les choses à une négociation que sa modération
connue faisait regarder comme facile, lorsqu'on voudrait
s'entendre de bonne foi; et cette négociation, en faisant
disparaître le défaut de liberté, aurait donné le moyen de
corriger ce qu'il y avait de plus vicieux dans la constitution.
Le troisième parti du côté gauche était composé de tous
ceux qui, ne voyant pas si loin, n'envisageaient que la crainte
que pouvait inspirer le Roi libre à la frontière, et entouré
d'une armée, et les dangers personnels que cet événement
pouvait leur faire courir au milieu de la populace de Paris,
alors en grande fermentation, parce que tout ce qui tenait à
la révolution cherchait à l'animer contre le Roi. À la tête de
ce parti était M. de La Fayette, à qui l'on s'en prenait principalement de la fuite du Roi, ou pour l'avoir favorisée ou
pour ne l'avoir pas empêchée, et qui, dans le premier moment, faillit être la victime de la fureur aveugle du peuple.

[18]

Tout son parti dans l'Assemblée, qui était alors nombreux, se joignit sincèrement à lui, ainsi que tous les membres du côté gauche que la peur, le défaut de lumières et l'habitude de se laisser mener, réunissaient toujours au parti dominant ; quoique ce parti fût réellement le moins nombreux, du moins quant aux membres influents, ce fut cependant celui qui donna l'impulsion à toutes les mesures qui furent prises par l'Assemblée, et cela sans presque éprouver de contradiction.

La raison en est que l'opinion de la populace de Paris était si bien prononcée contre la fuite du Roi et sur la nécessité de le ramener à Paris, que tout ce qui n'était pas du côté droit, accoutumé à se laisser dominer par la populace, n'osa manifester ses sentiments, ni contrarier en quoi que ce fût tout ce qui tendait à suivre les mouvements qu'elle donnait.

A la première nouvelle de la fuite du Roi, M. de La Fayette, de concert avec les membres de l'Assemblée qui étaient venus l'en instruire, établit la fiction que *le Roi et la famille royale étaient enlevés par les ennemis du bien public.* Ce premier point convenu, il crut ou parut croire que le Roi allait à Valenciennes ; et il dépêcha sur la route un de ses aides de camp de confiance, qu'il avait particulièrement attaché au service de la Reine, et que Sa Majesté avait comblé de bontés. En lui remettant son ordre, il lui dit : *Ils ont trop d'avance sur nous pour que nous puissions les atteindre ; mais il faut que nous fassions quelque chose.* Du reste, l'ordre était conçu en ces termes : *M. de Romeuf, mon aide de camp, est chargé d'apprendre partout sur sa route que les ennemis de la patrie ont emmené le Roi, et d'ordonner à tous les amis du bien public de mettre obstacle à son passage. Je prends sur moi toute la responsabilité de cet avis.* — LA FAYETTE

L'Assemblée réunie commença par adopter la fiction de l'enlèvement. Aussitôt un décret ordonne aux corps administratifs, aux gardes nationales, aux troupes de ligne, de prendre toutes les mesures possibles pour mettre obstacle à l'enlèvement du Roi. Il fut enjoint au ministre de l'Intérieur d'expédier à l'instant même des courriers chargés de porter ce décret dans tous les départements.

Comme cette première délibération finissait, on annonça qu'un aide-de-camp de M. de La Fayette, envoyé par lui pour découvrir la route que le Roi avait prise, venait d'être amené par le peuple à la porte de l'Assemblée ; qu'il demandait à entrer et à être entendu. C'était le jeune Romeuf, qu'une populace furieuse avait arrêté comme il partait de Paris. Elle l'avait tiré à bas de son cheval, l'avait d'abord traîné à la section des Feuillants, puis à l'Assemblée nationale, pour rendre compte de sa conduite. Entendre ce jeune officier, l'applaudir, lui remettre le décret que venait de rendre l'Assemblée, pour qu'il le joignît à l'ordre de son général, nommer deux commissaires et un huissier pour délivrer un de ses camarades qui était en proie aux insultes et aux menaces du peuple, et pour assurer leur sortie de Paris, tout cela, quoique rapidement exécuté, prit encore plus d'une heure. En approchant de la barrière, les deux officiers furent encore entourés par le peuple. Une clameur publique annonçait que, la nuit, deux voitures à six chevaux avaient traversé la ville de Meaux. On demandait que M. de Romeuf prît la route de cette ville. Il se rendit à ce vœu populaire.

Cependant le Roi et la famille royale continuaient leur route vers Châlons, sans obstacle, et sans s'arrêter même pour manger, ayant emporté dans la voiture ce qui suffisait pour cela. On ne leur demanda leur passe-port nulle part, on ne leur fit nulle difficulté pour leur fournir des chevaux. Ils arrivèrent ainsi à Châlons vers les quatre ou cinq heures de l'après-midi du 21. Là un homme de la ville, qui se trouva par hasard à la poste lorsque la voiture changeait de chevaux, crut reconnaître le Roi : tourmenté de cette idée, il va trouver le maire, avec qui il a quelque liaison, lui communique sa découverte, et lui propose de faire arrêter la voiture. Le maire, qui était très peu révolutionnaire, eut l'air de donner entièrement dans le sens de cet homme; mais il mit tant d'adresse à l'effrayer sur les conséquences, pour l'un et pour l'autre, d'une pareille démarche, si par malheur il s'était trompé sur un fait aussi invraisemblable que celui de la présence du Roi dans la voiture qu'il avait vue et qui venait de partir, que le pauvre homme finit par convenir qu'il était très possible qu'il eût mal vu, et que le plus sage était de se tenir tranquille et de garder le silence.

Échappé à ce danger, le Roi avait passé Châlons, lorsque, la voiture étant arrêtée un moment sur la grande route, un inconnu, vêtu comme un bourgeois, s'en approche, met la tête à une des portières auprès de laquelle était madame de Tourzel, et dit assez haut : « Vos mesures sont mal prises, vous serez arrêtés. » Il s'éloigna tout de suite, sans

LE MARQUIS DE BOUILLÉ

D'après un buste de M. F. Dien (Collection du Cabinet des Estampes)

qu'on eût le temps de savoir ni son nom ni ce qu'il était.

C'était à Châlons-sur-Marne que finissaient les arrangements que la Reine s'était chargée de prendre pour le voyage, et l'on voit que jusqu'ici tout avait heureusement réussi. J'ai dit ci-dessus les dispositions qu'avait faites M. de Bouillé pour la sûreté du reste de la route. La première escorte devait se trouver à Pont-de-Sommevelle. C'était là où devaient se trouver MM. de Choiseul et de Goguelat, chargés des ordres particuliers du Roi et de M. de Bouillé; et c'est de là que devaient partir l'impulsion et les ordres à donner à tous les postes suivants. Le Roi y arriva vers les six heures du soir, sans rien apercevoir sur la grande route ni à portée d'elle. Ce premier contre-temps, joint à ce qu'avait dit l'inconnu en sortant de Châlons, frappa singulièrement la Reine. Elle ne put s'empêcher de se pencher vers Madame Elisabeth et de lui dire que tout était perdu, et qu'ils seraient arrêtés. Voici ce qui fit manquer cette première escorte :

M. de Goguelat, instruit par M. de Bouillé du retard de vingt-quatre heures, le quitta à *Stenay* le 17, pour aller prendre le détachement des quarante hussards commandés par M. de Boudet, et pour arriver de bonne heure le 21 à *Pont-de-Sommevelle*, où il devait être joint par M. de Choiseul et attendre le Roi. Il coucha le 20 à Sainte-Menehould. Le commandant n'avait malheureusement pas prévenu la municipalité ni de son passage ni de ses ordres ostensibles, ce qui commença à mettre la fermentation dans la ville. Cependant M. de Goguelat partit le 21 au matin avec tout son monde, et se trouva rendu de bonne heure à sa station de *Pont-de-Sommevelle*, où il fut joint comme il devait l'être par M. de Choiseul.

Tout avait été calculé à la minute dans le voyage du Roi, et son passage à *Pont-de-Sommevelle* avait été marqué pour trois heures après-midi. Cette heure était dépassée de beaucoup; et non seulement le Roi ne paraissait pas, mais l'un des trois courriers qui devait toujours, dans les arrangements convenus, précéder la voiture de deux heures, ne s'était point montré.

D'après cette dernière circonstance, une heure de retard dans l'apparition du Roi en annonçait trois dans sa marche. Entre cinq et six heures, il était en arrière de quatre à cinq, et on ne pouvait plus l'attendre qu'à huit. MM. de Choiseul et de Goguelat étaient non seulement dans les plus vives inquiétudes, mais dans la plus terrible position. La vue de ces hussards attendant si longtemps à poste fixe avait causé un attroupement à *Pont-de-Sommevelle*. On murmurait hautement que l'arrivée du prétendu trésor qu'il s'agissait d'escorter n'était qu'un prétexte. *Chálons*, qui était au-dessous de *Pont-de-Sommevelle*, envoya des gardes nationales demander la cause de ces détachements. Sainte-Menehould, qui était au-dessus, et où la fermentation s'était, depuis la veille, accrue d'heure en heure, envoya de son côté une députation. On parla de sonner le tocsin pour appeler les campagnes, et déjà quelques cloches avaient frappé les premiers coups. MM. de Choiseul et de Goguelat consultèrent ensemble, à demi-voix, en présence de la multitude, qui épiait tous leurs mouvements. Le Roi, qui, déjà une première fois, avait différé de vingt-quatre heures son départ de Paris, s'était-il porté à un nouveau délai? Était-il parti, et avait-il été arrêté en route? Alors il ne fallait pas en pure perte exciter une sédition et sacrifier un détachement. Était-il possible que le Roi arrivât encore dans la soirée? Alors c'était rendre son arrestation certaine, c'était le livrer au lieu de l'escorter, que d'attirer sur son passage toutes les communes des environs, appelées par le tocsin et armées par la méfiance, qui dégénérerait bientôt en fureur. Comme les deux chefs étaient frappés de cette idée, un homme, appartenant à la foule qui touchait à leurs chevaux, observe que le matin il a passé une diligence qui paraissait bien pesante et lourdement chargée; un autre répond qu'elle portait beaucoup d'argent : M. de Choiseul s'empare de cette parole, et demande à celui qui vient de la proférer *s'il est sûr de ce qu'il dit?* Celui-ci répond à l'affirmative. Plusieurs témoins vrais ou faux se présentent pour garantir l'assertion. « Que ne me disiez-vous cela depuis trois heures ! » répliqua M. de Choiseul. Puis s'adressant à M. de Goguelat, toujours à haute voix : « Il est clair, lui dit-il que la diligence nous a devancés. L'argent que nous devions escorter est passé ; nous n'avons plus rien à faire ici. » Ces mots ont un effet magique; les esprits se calment, le tocsin cesse, l'attroupement se dissipe; MM. de Choiseul et de Goguelat sortent paisiblement de *Pont-de-Sommevelle* avec leur troupe.

Ils s'éloignent au plus petit pas possible, et en faisant des haltes, pour conserver toutes leurs chances jusqu'au dernier moment. Enfin, ayant marché ainsi pendant un assez long temps sans être atteints ni par la voiture du Roi, ni par son courrier, ils ne doutent pas que le projet ne soit au moins renvoyé à un autre jour. Alors, craignant de renouveler le tumulte que leur présence avait excité la veille à Sainte-Menehould, sachant d'ailleurs ce poste et celui de Clermont suffisamment gardés s'il ne survient pas de crise extraordinaire, ils se décident à tourner cette ville au lieu de la traverser, et à gagner Varennes par le plus court chemin, à travers les bois du Clermontois.

La vérité oblige de dire que M. le marquis de Bouillé reproche à M. de Goguelat de n'être pas resté de sa personne, déguisé, pour avertir les autres détachements en cas d'arrivée du Roi, ainsi que ce général dit lui en avoir donné l'ordre secret; mais la même vérité oblige aussi d'observer que l'objet des détachements était d'assurer le passage du Roi, dans le poste où chacun d'eux était placé; que le Roi a traversé *Pont-de-Sommevelle* confié à MM. de Choiseul et de Goguelat, Sainte-Menehould confié à M. Dandoins, Clermont confié à M. de Damas, et qu'il n'a été arrêté qu'à Varennes. Il y avait environ une heure que le détachement de *Pont-de-Sommevelle* s'était mis en marche, lorsque la voiture du Roi y arriva presque en même temps que son courrier, qui, dans toute la route, ne le précéda jamais de plus de cinq minutes, faute capitale; le roi relaya paisiblement, et gagna Sainte-Menehould.

Le courrier, toujours si tardif, arriva trop tôt dans cette dernière ville; car, pendant les cinq minutes qu'il y fut avant le Roi, il se trompa sur le lieu de la poste, fut obligé de revenir sur ses pas dans la ville, questionna de côté et d'autre pour apprendre son chemin, et excita l'attention publique, déjà trop éveillée.

Le peuple de Sainte-Menehould était très mauvais. Les dragons de M. Dandoins, en succédant immédiatement dans ce poste aux hussards de M. de Goguelat, avaient perpétué et augmenté les ombrages. On ne les perdait pas de vue une minute. M. Dandoins, pour éteindre un peu la chaleur des esprits, avait pris le parti de ne point tenir sa troupe sous les armes. Il se promenait dans la rue avec plusieurs de ses dragons, lorsque la voiture qui renfermait la famille royale vint à passer : les dragons portèrent la main à la visière de leur casque pour saluer les personnes qui étaient dans la voiture, et la reine leur rendit ce salut avec cet air de grâce et de bonté ordinaires. Était-ce politesse de la part des dragons? était-ce quelque chose de plus, et commençaient-ils à pénétrer le secret? On ne leur avait point dit quelles étaient les personnes qu'ils saluaient. Quoi qu'il en soit, cet ensemble de circonstances irrita l'inquiétude populaire, qui commençait à se manifester fortement. Quelques moments de plus, et le Roi eût eu de la peine à sortir de cette ville; mais la présence des dragons en imposait encore : les relais étaient attelés, la voiture partit.

Ce fut pendant qu'elle était arrêtée que le Roi, mettant trop fréquemment la tête à la portière, fut aperçu par le fils du maître de poste, très chaud patriote, nommé Drouet. Ce Drouet avait vu le Roi à la Fédération, l'année précédente(1); pour mieux s'assurer qu'il ne se trompait pas, il prit un assignat où la figure de Louis XVI était assez ressemblante, et la compara quelque temps avec celle qu'il avait sous ses yeux : l'attention qu'il y mit fut si marquée, qu'elle n'échappa point à la Reine, et qu'elle redoubla ses inquiétudes. Il était alors huit heures moins un quart.

Quelque assuré que Drouet crût être que le Roi était dans la voiture, il n'osa donner l'alarme à Sainte-Menehould, soit crainte des dragons, soit que le départ de la voiture l'en empêcha; mais il prit la résolution de la suivre, pour la faire arrêter lorsqu'il en trouverait la possibilité. Il communiqua sa découverte et sa résolution à sa femme, qui fit et dit inutilement tout ce qu'elle put pour l'en empêcher; il monta à cheval et suivit la voiture.

[Jusqu'à ce moment, on le voit, les choses, sauf quelques accrocs inévitables, s'étaient bien passées, et, à mesure que les fugitifs s'éloignaient de Paris et se rapprochaient de Montmédy, où se trouvait le marquis de Bouillé, ils pouvaient espérer le succès final de leur entreprise. Mais la rencontre de Drouet a tout remis en question : on verra dans le numéro suivant les conséquences déplorables qu'eut pour le Roi et sa famille cette rencontre imprévue... Une réflexion s'impose, et montre combien souvent les plus sages précautions vont à l'encontre de leur but. Dans toute la partie de la route, où l'on n'avait point envoyé de soldats, la berline passa sans danger : les populations qui n'étaient pas prévenues n'eurent pas le temps de se grouper pendant les courts instants où l'on relayait; là, au contraire, où l'on avait placé des postes militaires, la veille ou le matin, les gens étaient aux aguets, et, quand vint le moment propice, la foule armée eut raison des faibles détachements, dont la présence l'avait excitée et ne put la contenir.]

(1) Cette fête avait eu lieu le 14 Juillet 1790, au Champ-de-Mars. On en trouvera un récit détaillé dans un prochain numéro.

Le Gérant : Henri GAUTIER

1581 — Imp. de Vaugirard, G. de Malherbe Dir., 152, r. de Vaugirard. — Car. et vig. Doublet.

Pour paraître la Semaine prochai...

L'Arrestation de la Famille royale

à Varennes

par M. de FONTANGES

,La fuite du Roi et de la famille royale, avait été favorisée par les circonstances, jusqu'à Sainte-Menehould. Là, le fils du maître de poste, Drou t, reconnut le Roi, et se jeta sur un cheval avec l'intention de prévenir la mu cipalité de Varennes et de faire arrêter la famille royale à son arrivée d. cette localité. Son intervention déjoua tous les plans combinés par M. de Bou pour la sauvegarde des fugitifs. On trouvera dans notre prochain numéro le récit de ces moments douloureux, ainsi que celui du retour à Paris. Il est emprunté à la relation de M. de Fontanges, si remarquable par sa précision et l'abondance des détails. C'est une lecture de l'intérêt le plus palpitant.

EN PRÉPARATION :

N° 44 — L'Arrestation de la famille royale à Varennes, par M. de Fontanges.

N° 45 — Tibérius Gracchus, par Mommsen, Traduction nouvelle de L. Benoist-Lucy.

N° 46 — La Conciergerie pendant la Terreur, par P.-J.-B. Nougaret.

N° 47 — Les Journées d'octobre (5 et 6 octobre 1789), par Weber.

Abonnement :

On s'abonne aux CINQUANTE-DEUX volumes d'une année
des Récits des Grands Jours de l'Histoire

Les abonnés recevront régulièrement un volume chaque samedi.

PRIX DE L'ABONNEMENT D'UN AN :

France, Belgique et Algérie	Étranger et Colonies
Neuf francs	sauf la Belgique et l'Algérie **Onze francs**

Adresser les Demandes, accompagnées du montant en mandat-poste, timbres français ou valeur sur Paris, à M. Henri GAUTIER, éditeur, 55, quai des Grands-Augustins, Paris.

1581 — S. An. de l'Imp. de Vaugirard, G. de M., 151, rue de Vaugirard. — Gar. et vig. Boul t

9 782013 669092